Jana Frey ❀ Hitzefrei in Afrika

Jana Frey

Das verrückte Klassenzimmer

Hitzefrei in Afrika

Illustriert von Heribert Schulmeyer

Loewe

Bibliografische Information Der Deutschen Bibliothek
Die Deutsche Bibliothek verzeichnet diese Publikation
in der Deutschen Nationalbibliografie;
detaillierte bibliografische Daten sind im Internet
über *http://dnb.ddb.de* abrufbar.

Für Okinyi John Ohindo
in Kenia

*Der Umwelt zuliebe ist dieses Buch
auf chlorfrei gebleichtem Papier gedruckt.*

ISBN 3-7855-4975-X – 1. Auflage 2004

Umschlagillustration: Heribert Schulmeyer
Herstellung: Annette Schnauder
Umschlaggestaltung: Andreas Henze
Gesamtherstellung: Clausen & Bosse, Leck
Printed in Germany

www.loewe-verlag.de

inhalt

Herzlich willkommen im verrückten Klassenzimmer

Wie bitte, ihr habt noch nie von unserer Klassenlehrerin Frau Eulenstein gehört? Und von uns, der Klasse 3a? Okay, wenn das so ist, stelle ich uns wohl erst einmal vor. Fachleute können ja einfach schon zum nächsten Kapitel weiterblättern.

Also, mein Name ist Anna König, und ich gehe in die dritte Klasse. In die 3a, um genau zu sein. Meine eine beste Freundin ist Isabella. Seit der ersten Klasse sitzen wir nebeneinander. Meine andere beste Freundin ist Anna Tropp. Sie ist erst seit ein paar Monaten an unserer Schule. Zuerst konnte ich sie nicht besonders gut leiden, aber inzwischen verstehen wir uns prima. (Früher trug sie immer sehr feine Sachen und sah von Kopf bis Fuß irgendwie rosa aus. Aber seit sie sich eines Tages, als sie schlechte Laune hatte, selbst die Haare geschnitten hat und außerdem fast immer sehr weite Skaterhosen und noch viel weitere T-Shirts trägt, sieht sie nett und lustig aus!)

Früher, aber das ist schon sehr

lange her, waren wir mal eine ganz normale dritte Klasse, so wie die 3b auf der anderen Seite des Gangs, aber seit wir im letzten Sommer eine neue Klassenlehrerin bekommen haben, ist nichts mehr so wie früher, wirklich!

Denn unsere Klassenlehrerin kann zaubern! Ja, ihr habt euch nicht verhört. Sie kann wirklich und wahrhaftig zaubern. Ihr Name ist Felicitas Eulenstein, und sie hat rubinrote, ringelige Haare und grünsprenkelige Augen. Um den Hals trägt sie gerne eine zerzauste lila Federstola,

und ihre spitzen Schnallenschuhe sind eidottergelb und ihre Fingernägel spinatgrün.

Wir haben schon eine Menge verrückte Dinge mit Frau Eulenstein erlebt. Vor kurzem sind wir mit ihr mal in die Vergangenheit zu den Dinosauriern gereist, und ein anderes Mal blieb einfach so ein Tag stehen und wiederholte sich von da an so oft, dass uns schon ganz unheimlich zu Mute wurde und wir Angst bekamen, wir würden für den Rest unseres Lebens in diesem blödsinnigen Tag stecken bleiben. Aber dann ging, zum Glück, doch noch alles gut.

Aber das Beste, was Frau Eulenstein je gezaubert hat, ist Moxmox! Er ist ein kleines, zahmes, runzeliges Minikrokodil und wohnt in unserer Klasse. Keine Angst, er ist nicht bissig oder so, denn er ist ein sanftes, vegetarisches Krokodil, und wir füttern ihn meistens mit Hamsterfutter

(obwohl er auch gerne alte Schuhe, den Tafelschwamm oder löchrige Tennissocken verspeist).

Vor ein paar Monaten hat Moxmox übrigens ganz plötzlich und völlig unerwartet ein Ei gelegt und sich mit ihm unter dem Klassenschrank verkrochen. Wir konnten es kaum glauben! Denn bis zu diesem Tag hatten wir immer fest angenommen, Moxmox sei ein Krokodilmännchen.

„Wir werden ihn umtaufen müssen, ganz klar!“, sagte Tom und warf dem Krokodil einen fast vorwurfsvollen Blick zu, während er eine unserer Klassenpalmen goss. „Ich schlage vor, wir nennen ihn Walburga.“ (Walburga heißt Toms Uroma, die er sehr gerne hat und mit der er ein paarmal in der Woche Nintendo spielt.)

Wir stritten dann noch eine Weile hin und her, weil jeder einen anderen Namen vorschlug – aber zum Schluss, als wir alle erschöpft waren, beschlossen wir, dass Moxmox seinen Namen – oder besser gesagt: *ihren* Namen – behalten soll. Auch wenn er jetzt ein Krokodilweibchen ist!

Ach ja, etwas sehr Wichtiges hätte ich beinahe vergessen: Frau Eulenstein kann nämlich Herzenswünsche erfüllen. Da muss man höllisch aufpassen, weil es dadurch oft zu den verrücktesten Zwischenfällen kommt. (Und sie besitzt einen sehr kleinen goldenen Zauberstab, der sich ringeln kann wie ein nervöser Regenwurm ...)

Ärger in der 3b

„Los, auf ihn!“

„Lasst mich, lasst mich!“

„Den machen wir fertig, den blöden Zwerg!“

„Auf ihn mit Gebrüll ...“, schrie Julian aus der 3b lauter als alle anderen.

„Was ist denn da los?“, fragte Isabella misstrauisch, ließ ihren Rucksack fallen und rannte zur kleinen Wiese hinter der

Turnhalle hinüber. Anna Tropp und ich rannten hinterher. Es war nach der sechsten Stunde, gerade hatte es geklingelt, und wir waren auf dem Weg zu mir nach Hause.

„Hört sofort auf, ihr Spinner!“, rief Isabella wütend, als wir die Wiese erreichten, und machte ein sehr finsteres Gesicht.

Und da sahen wir auch schon, was los war. Denn umringt von ein paar wild gewordenen Kindern aus der 3b stand Laurenzio Couloumbis. Sturzbäche von Tränen strömten über sein Gesicht.

Laurenzio Couloumbis kommt aus Ghana in Afrika und wohnt seit einer Weile mit seinen Eltern und Geschwistern in einer kleinen Wohnung am Rand unseres Viertels. Er hat wirklich eine Menge Geschwister, und sein Vater findet keine Arbeit, und seine Mutter hat genauso ängstliche Augen wie Laurenzio. Besonders gut Deutsch sprechen können sie auch noch nicht, und Laurenzio ist immer etwas eigenartig gekleidet.

Heute zum Beispiel trug er sein T-Shirt nicht nur verkehrt herum, sondern auch noch mit der Innenseite nach außen. Das Zettelchen, auf dem *100 Prozent Baumwolle* stand, flatterte direkt unter seinem Kinn herum.

Seine Jeans war ihm viel zu groß, und weil er keinen Gürtel hatte, um sie sich um den Bauch herum ordentlich festzuzurren, guckte ein gutes Stück seiner Unterhose heraus, die ebenfalls ein bisschen zu groß aussah. Zu allem Überfluss war sie auch noch mit kleinen, verwaschenen Bären bedruckt.

Seit vier Wochen ging Laurenzio Couloumbis jetzt in die 3b, und seitdem gab es immerzu Ärger.

„Das geht euch nichts an, also verzieht euch gefälligst!“, knurrte Julian, spuckte auf den Boden und warf Laurenzio einen bösen Blick zu.

„Ja, verschwindet, ihr Nervensägen“, zischte Hassan, der Julians bester Freund ist.

„Warum lasst ihr Laurenzio nicht in

Ruhe?“, fragte Anna stirnrunzelnd. „Er hat euch doch gar nichts getan.“

„Das hat er wohl“, sagte Julians Zwillingsschwester Theresa. „Der Typ nervt einfach. Er zieht sich an wie ein Stadtstreicher, dazu trägt er bescheuerte Bärchenunterhosen und heult dauernd im Unterricht, weil er nie was kapiert ...

Und überhaupt: Mein Vater sagt, Ausländer haben bei uns nichts zu suchen!“

Julian und Hassan nickten zustimmend.

„Ihr spinnt ja komplett ...“, war alles, was mir dazu einfiel. Auch Isabella und Anna tippten sich an die Stirn.

Laurenzio Couloumbis weinte inzwischen nicht mehr ganz so stark. Aber er sah immer noch sehr ängstlich aus und stopfte hastig seine weit verstreut herumliegenden Schulsachen zurück in die Stofftasche, die er anstelle einer Schultasche bei sich trug. Und im nächsten Moment rannte er wie ein Blitz davon.

„Ja, hau ab, du blöder Mohrenkopf!“, brüllte ihm Hassan hinterher und machte ein sehr zufriedenes Gesicht dabei. „Und denk daran, was wir dir gesagt haben! Sonst geht es dir morgen Früh an den Kragen! Wir warten pünktlich um acht Uhr auf dich – am Schultor, vergiss das nicht ...“

Dann nickte er Julian und Theresa zu, und die drei gingen mit hochmütigen Mienen in die entgegengesetzte Richtung davon.

„So ein Mist“, sagte Isabella nachdenklich und seufzte, während wir langsam die Straße hinuntergingen. Von Laurenzio war nichts mehr zu sehen. In der kleinen Zoohandlung an der großen Kreuzung kauften wir rasch eine neue Großpackung Hamsterfutter für Moxmox, und dann liefen wir zu dritt zu mir nach Hause.

„Eines ist sicher, die drei Blödmänner haben irgendetwas Obermiesfiesgemeines vor ...“, murmelte Isabella eine Wei-

le später beim Mittagessen und wickelte eine große Portion Spagetti auf ihre Gabel. Sie kaute nachdenklich. „Aber da machen wir ihnen einen Strich durch die Rechnung ..."

Sie grinste uns an und wickelte eine neue Ladung Spagetti auf. „Denn wir werden auch da sein!"

Laurenzio hat Sorgen

Quietsch – quietsch – quietsch machte unser Schultor, auf dem Julian, Theresa und Hassan aufgereiht nebeneinander saßen, scheinbar harmlos mit den Beinen baumelten und dabei gespannt die Straße hinunterschauten.

„Es ist schon zehn nach acht“, flüsterte Anna und blickte ebenfalls die Straße hinunter. Wir saßen zu dritt ver-

steckt in den Haselnusssträuchern hinter der kleinen Schulmauer und bewachten die drei ahnungslosen Torwachen auf dem quietschenden Schultor.

„Ob er aus Angst vor den drei Idioten etwa die Schule schwänzt?“, erkundigte sich Isabella besorgt.

Aber genau in diesem Moment kam Laurenzio Couloumbis. Sehr, sehr langsam und mit hängenden Schultern trottete er die Straße entlang. Sofort sprangen Julian, Hassan und Theresa vom Schultor und reihten sich Schulter an Schulter an Schulter vor ihm auf.

„Komm das nächste Mal gefälligst pünktlicher, Mohrenkopf“, sagte Julian barsch und stieß Laurenzio vor die

Brust. Laurenzio gab keine Antwort, aber wir sahen, wie er mit ängstlicher Miene etwas aus der Stofftasche nahm, in der seine Schulsachen steckten, und es in Julians fordernd ausgestreckte Hand legte. In diesem Moment schrillte die Schulklingel, und Laurenzio rannte davon.

„Was war das?“, fragte Anna.

Ich zuckte mit den Achseln, weil ich das Ding auch nicht genau gesehen hatte.

„Ich habe gesehen, was es war“, murmelte Isabella nachdenklich, während wir langsam zu unserem Klassenzimmer gingen. „Es war ein Gameboy! Laurenzio hat Julian einen Gameboy gegeben ..."

Wir sahen uns ratlos an. Wie kam ausgerechnet Laurenzio Couloumbis dazu, so teure Spielsachen zu verschenken?

„Super, hier fühlt man sich ja fast wie in der Wüste Sahara!", rief Tom gerade begeistert, als wir die Klasse betraten.

„Überall Sand, von einer Sekunde auf die andere, das gibt es doch gar nicht!", schimpfte Nora ungläubig und schüttelte ihr Rechenheft aus. Ein Schwall feiner heller Sand rieselte daraus hervor.

„Verflixt, Moxmox, was hast du dir nur dabei gedacht?“, knurrte Leonardo und warf unserem Krokodil einen strengen Blick zu.

„Wa-was ist denn hier passiert?“, stotterte meine Freundin Anna und starrte auf ihre Füße, die

(wie meine) bis zu den Knöcheln im Sand versanken, so als stünden wir irgendwo am Strand und nicht im Klassenzimmer der 3a!

„Ich fürchte, Moxmox hat sich dieses sandige Durcheinander herbeigewünscht“, sagte Frau Eulenstein seelenruhig und machte es sich im Sand gemütlich.

Schnell schaute ich zu Moxmox hinüber. Und tatsächlich! Moxmox wat-

schelte sehr zufrieden und geschäftig herum und war dabei, sein Ei sorgfältig im weichen Sand einzugraben. Zum Schluss schaute nur noch die weiße Spitze heraus. Moxmox ringelte sich zufrieden zusammen und betrachtete entzückt sein Werk.

Für den Rest des Vormittags saßen wir im Sand und hätten uns fast wie in den Sommerferien gefühlt, wenn Frau Eulenstein uns nicht gezwungen hätte, eine Menge komplizierte Rechenaufgaben zu lösen.

An Laurenzio dachten wir an diesem Vormittag wegen all des Durcheinanders überhaupt nicht mehr ...

Der Schuppen im Wald

Aber am nächsten Tag wiederholte sich der Vorfall am Schultor. Diesmal versteckten sich nicht nur Anna, Isabella und ich in den Haselnusssträuchern, sondern auch Tom, Quentin und Leonardo.

„Psst!“, flüsterte ich warnend, als wir Laurenzio kommen sahen.

„Da bist du ja, du schwarzer Gartenzwerg!“, rief Julian sofort und versperrte Laurenzio wie gestern den Weg. Neben ihm standen wieder Hassan und Theresa.

„Na, was hast du uns heute Schönes mitgebracht?“, fragte Theresa und warf einen abschätzenden Blick auf Laurenzios Stofftasche.

„Eine CD“, flüsterte Isabella gleich darauf mit zusammengekniffenen Augen. Julian griff zu und ließ die CD zufrieden in seinen Adidas-Rucksack plumpsen.

„Okay, bis morgen, Blödmann“, sagte er dann und grinste. Laurenzio starrte stumm auf den Boden und machte ein sehr niedergeschlagenes Gesicht. Aber plötzlich drehte er sich blitzschnell um, rannte die Straße hinunter und verschwand an der großen Kreuzung um eine Ecke. Gerade als es zur ersten Stunde klingelte!

„Was macht er denn jetzt?“, fragte Quentin überrascht.

Wir schauten uns an.

„Und ... woher hat er bloß die Sachen, die er Julian gibt?“, erkundigte sich Leonardo nachdenklich und kratzte sich am Kopf. Es war auf einmal sehr still zwischen uns, während wir langsam und bedrückt über den Schulhof gingen und schließlich unseren Klassenraum betraten.

„Nanu, was ist denn mit euch los?“, begrüßte uns unsere Klassenlehrerin, nachdem sie einen kurzen Blick auf uns geworfen hatte. „Ihr macht ja Gesichter wie drei Tage Regenwetter! Was, bitte schön, ist vorgefallen?“

Seufzend wanderten wir zu unseren sandigen Plätzen. Moxmox lag ganz vorne bei der Tafel, zusammengeringelt wie ein runzeliges grünes Knäuel neben seinem halb verbuddelten Ei, und schnarchte laut und durchdringend.

„Tja, es ist nämlich so ...“, begann Isabella schließlich – und dann erzählten wir Frau Eulenstein die ganze Geschichte.

„Hmmm ...“, machte Frau Eulenstein zum Schluss.

„Zu dumm, dass Laurenzio vorhin einfach abgehauen ist“, murmelte Tom halblaut. „Sonst könnten wir in der großen Pause mal mit ihm über alles reden ...“

„Wo er jetzt wohl ist?“, überlegte ich und zermarterte mir das Gehirn nach einer genialen Idee, wie wir Laurenzio helfen könnten.

„Das zumindest lässt sich leicht feststellen“, antwortete Frau Eulenstein und zog ihren kleinen, ringeligen Regenwurmzauberstab aus der Tasche. Und schon im nächsten Moment be-

gann unser Klassenzimmer, sich ächzend zu winden und hin und her zu schaukeln. Geistesgegenwärtig klammerten wir uns aneinander und plumpsten wenige ungemütliche Augenblicke später in ein dunkles, wirbeliges Nichts.

„Es ist immer wieder schaurig, auf diese Art zu reisen!“, rief ich Isabella zu – aber da war zum Glück das Herumgewirbel auch schon wieder zu Ende.

Ich stieß mir das Knie an einem mit Moos bewachsenen Baumstamm.

„Na, prima“, murmelte ich und schaute mich stirnrunzelnd um. Die Sonne schien durch eine hohe Tanne. Wo waren wir bloß? Um uns herum war Wald, so viel war klar.

Rechts von uns befand sich eine kleine helle Lichtung. Und am Rand der Lichtung stand ein alter, baufälliger Schuppen. Auf der abgetretenen

Schwelle zur Tür des Schuppens saß jemand und starrte düster vor sich hin.

Und dieser Jemand war – Laurenzio Couloumbis!

Ein guter Plan

Er zuckte zusammen, als er uns kommen sah. Erschrocken starrte er uns entgegen.

„Hallo, Laurenzio“, sagte ich so harmlos wie möglich. Laurenzio sagte nichts, er riss bloß entsetzt die Augen auf und schaute Frau Eulenstein ängstlich an.

Unsere Klassenlehrerin lächelte ihm

aufmunternd zu. Sie machte also nicht unbedingt ein typisches *Da-habe-ich-dich-also-beim-Schwänzen-erwischt-Lehrerinnengesicht*.

„Mann, Laurenzio, warum bist du denn abgehauen?“, fragte Nora und setzte sich neben Laurenzio auf die Treppe.

Einen Augenblick war es ganz still.

„Wegen Julian“, murmelte Laurenzio schließlich leise. „Weil er und seine Schwester und Hassan mich immer auslachen, weil sie sich über mich lustig machen, weil sie mir Schimpfwörter nachrufen und ...“ Er stockte und ballte plötzlich die Hände zu Fäusten. „... und weil ich immer Sachen für sie besorgen muss. Und weil ich das nicht mehr will ...“

Ich dachte an den

Gameboy und die CD, die Laurenzio Julian am Schultor gegeben hatte.

„Woher hast du denn diese Sachen?“, fragte Nora und schaute Laurenzio mitfühlend an. Aber darauf gab Laurenzio keine Antwort. Er schwieg nur und starrte wieder vor sich hin. In diesem Moment schnaufte es hinter mir. Ich drehte mich um, und da saß Moxmox und legte mir würdevoll etwas vor die Füße. So wie es ein Hund macht, wenn er seinem Herrchen einen Stock bringt.

Nur dass das, was Moxmox mir da gebracht hatte, kein Stock war, sondern ein Walkman.

Ich bückte mich und nahm die Schachtel nachdenklich in die Hand.

Sofort watschelte Moxmox zufrieden wieder davon und kam gleich darauf mit einer teuren Fußballpumpe wieder, die er ebenfalls schwanzwedelnd vor meine Füße plumpsen ließ. Beides hatte er aus dem halb zerfallenen Schuppen geholt, auf dessen Schwelle Laurenzio saß!

„Diebesgut“, flüsterte Isabella leise.

„Du meinst, Laurenzio hat das alles für Julian ...?“, flüsterte ich zurück.

Isabella nickte, genau in dem Moment, als Moxmox mir eine funkelnagelneue elektrische Harry-Potter-Zahnbürste brachte.

Da sprang Laurenzio auf. „Warum seid ihr hergekommen?“, rief er aufgebracht. „Wollt ihr mich etwa verraten?“

„Nein, wir wollen dir helfen“, sagte Nora.

„Das könnt ihr nicht“, antwortete Laurenzio traurig. „Wenn ich Julian nicht jeden Tag etwas mitbringe, geht es mir schlecht. Manchmal kommt er am Nachmittag sogar zu mir nach Hause und lauert mir auf der Straße auf ... Aber ich will kein Dieb sein!“

Wir redeten noch eine Weile hin und her, und irgendwann sagte Quentin: „Ich habe eine Idee! Wie wäre es, wenn wir zuerst einmal alle diese geklauten Sachen heimlich zurück in die Läden bringen würden? Und dann sehen wir weiter ...“

Wir nickten.

„Dann wärst du schon mal kein Dieb mehr“, sagte Anna Tropp zu Laurenzio Couloumbis und lächelte ihm aufmunternd zu.

Das Bild an der Wand

Es lief eigentlich ganz gut.

In den Elektroladen, aus dem der Walkman stammte, gingen Tom und ich. Wir schlenderten durch die Gänge und warteten auf einen

günstigen Moment, um den Walkman zurück ins Regal zu legen. Mein Herz klopfte ziemlich, aber schließlich flüsterte Tom: „Jetzt!“, und da schob ich die kleine Schachtel blitzschnell ins Regal zurück. Niemand hatte etwas gemerkt! Ich atmete erleichtert auf. Es war wie Klauen andersrum!

Anschließend rannten wir zurück zu den anderen. Quentin und Isabella hatten die Harry-Potter-Zahnbürste zurück in die Drogerie gebracht, und Anna und Leonardo hatten zwei CDs im kleinen Kaufhaus wie-

der unter die anderen CDs zurückgeschmuggelt.

„Was haben wir noch?“, erkundigte sich Nora.

„Nur noch die Ballpumpe“, sagte Laurenzio bedrückt.

„Wo ist die her?“ Quentin drehte die Ballpumpe in den Händen und warf einen prüfenden Blick auf den kleinen Preisaufkleber, der daran klebte.

„Sportgeschäft Kleinschmidt“, las er. „Okay, das ist gleich da drüben ...“

Wir überquerten die Straße. Genau in diesem Moment begegnete uns unser Rektor.

„Nanu, Frau Eulenstein?“, fragte er verwundert. „Was machen Sie denn hier in der Fußgängerzone? Hat Ihre Klasse nicht eigentlich gerade ...“ Er warf einen Blick auf seine Armbanduhr. „... Turnstunde?“

Frau Eulenstein nickte gnädig. „Allerdings“, sagte sie knapp. „Und wie Sie sehen, turnen wir durch die Stadt. Wenn Sie uns also nicht aufhalten würden. Oder möchten Sie gerne mitmachen?“

„Ich ...? Ähhh, nein ...“, stotterte unser Rektor, aber da war es schon zu spät. Ehe er es aufhalten konnte, hatte er einen Salto geschlagen und dann einen zweiten und dritten.

„Du lieber Himmel, Sie sind aber wirklich ein zappeliger Mensch ...“, sagte Frau Eulenstein kopfschüttelnd. „Sie sollten ab und zu lauwarmen Kamillentee trinken. In kleinen Schlucken. Habe ich Ihnen dazu nicht schon ein paarmal geraten?“

Und dann rauschte sie an ihm vorüber. Unser Rektor blieb entgeistert zurück und klammerte sich Halt suchend an eine Straßenlaterne.

Laurenzio hatte sprachlos zugeschaut, und zum ersten Mal hatte er den Anflug eines winzigen Lächelns im Gesicht gehabt. Aber als wir gleich darauf vor dem Sportgeschäft von Herrn Kleinschmidt standen, verdüsterte sich sein Blick wieder.

Nervös trat er von einem Fuß auf den anderen.

„Wer geht hinein?“, fragte Isabella leise. Aber noch ehe jemand den Mund aufmachen konnte, flog die schmale Ladentür auf, und Herr Kleinschmidt stürzte heraus. Er bebte vor Zorn, und seine Backen waren rot gesprenkelt vor Aufregung.

„Da bist du ja, du unverschämtes Bürschchen!“, rief er erbost und zerrte Laurenzio wutschnaubend in den Laden. „Ha, seit Tagen halte ich nach dir Ausschau. Und, hol's der Teufel, es hat sich gelohnt ...!“

„Na, na, na“, sagte Frau Eulenstein streng. „Wer wird denn gleich so aus der Haut fahren?“ Energisch schob sie die gesamte 3a hinterher und schloss die Tür hinter uns.

„Was wollen Sie denn hier?“, schnaubte Herr Kleinschmidt und fuchtelte mit seinem Zeigefinger unter Frau Eulensteins Nase herum. „Wissen Sie, was dieser kleine Ganove getan hat? Er hat mir eine teure Fußballpumpe gestohlen! Ja, das hat er. Vergangene Woche. Leider ist er mir damals entwischt, aber heute ist er mir in die Falle gegangen, der bösartige kleine Mohr ...“

Laurenzio sah sehr, sehr unglücklich und kleinlaut aus und brachte kein Wort hervor.

„Nun regen Sie sich doch nicht so auf“, sagte ich, nahm Quentin die Ballpumpe ab und legte sie auf den Verkaufstisch. „Laurenzio wollte Ihnen die Pumpe doch gerade zurückbringen – darum ist er gekommen ...“

„So ein Blödsinn, ich glaube dir kein Wort“, schnaubte Herr Kleinschmidt und machte ein bitterböses Gesicht. Die roten Wutflecken in seinem Gesicht hatten gerade die Stirn erreicht und breiteten sich dort in Windeseile aus.

„Und jetzt werde ich die Polizei rufen!“, rief er wild. „Dieser Laden gehört seit hundert Jahren meiner Familie. Ich habe ihn von meinem Vater übernommen, und der hatte ihn von meinem Großvater übernommen. Da hängt sogar noch ein Bild von dem alten Herrn!“ Er deutete auf ein Bild an der Wand, auf dem ein uralter, ver-

schrumpelter Mann zu sehen war. „Wo käme man denn da hin, wenn man sich von verzogenen kleinen Rotzgören bestehlen lassen würde? Mein Großvater hätte den Rohrstock ausgepackt und den Lümmel verdroschen, jawohl, das hätte er!“

Herr Kleinschmidt griff zum Telefon, um die Polizei anzurufen. Und Laurenzio begann, leise zu weinen.

Da passierte es. Plötzlich begann das Bild an der Wand über

der Kasse zu wackeln, und im nächsten Moment rief eine heisere, krächzende Stimme: „Hugo, du Rollmops!

Was redest du da für einen Blödsinn? Das ist ja nicht zum Aushalten ...“

„Großvater?“, hauchte Herr Kleinschmidt, und alle Farbe wich aus seinem Gesicht. „Großvater? Wie ist das möglich?“

Der alte Mann im Bild an der Wand schüttelte ärgerlich den Kopf und schaute seinen Enkel missmutig an. „Niemals habe ich jemanden mit dem Rohrstock verdroschen“, brummte er und lächelte in Laurenzios Richtung. „Und *ich* glaube dem kleinen Kerl, dass er die Ballpumpe zurückbringen wollte!“

„A-aber ...“, stammelte Herr Kleinschmidt.

„Wirst du wohl nicht dazwischenreden, wenn ich spreche!“, fauchte der alte Herr Kleinschmidt und funkelte seinen Enkel gereizt an. „Und nenn den Jungen nicht Mohr, hast du verstanden? Das klingt mir sehr respektlos. So etwas macht man nicht ...“

Da tat es plötzlich einen dumpfen Schlag. Herr Kleinschmidt war in Ohnmacht gefallen.

Der alte Mann im Bild schüttelte erneut ärgerlich den Kopf. „So ein aufgeblasener Wichtigtuer“, sagte er. Dann winkte er Laurenzio herbei. Laurenzio stolperte verwirrt nach vorne.

„Nimm mich mal von der Wand, mein Junge“, sagte der Großvater des heutigen Herrn Kleinschmidt.

„Wie?“, stotterte Laurenzio verwirrt.

„Ja, nimm mich mal, und lass uns unter vier Augen ein paar Worte miteinander reden ...“

Der alte Herr Kleinschmidt zwinkerte Laurenzio zu.

„Aber ...“, sagte Laurenzio und schaute Hilfe suchend zu Frau Eulenstein hinüber.

Frau Eulenstein nickte aufmunternd. „Ein kleines Pläuschchen ist immer nett“, sagte sie und lächelte dem alten Mann im Bild zu.

Und dann ging Laurenzio verwirrt mit dem Bild in das kleine Büro hinter der Kasse.

Wir warteten gespannt. Es vergingen ein paar Minuten – dann kam Laurenzio mit dem Bild in der Hand zurück. Es war wieder starr und still. Der alte Herr Kleinschmidt rührte sich nicht und benahm sich wieder so, wie sich alte, staubige, fast hundert Jahre alte Fotografien zu benehmen haben.

Laurenzio legte den Bilderrahmen vorsichtig neben die Kasse.

Gerade da richtete sich Herr Kleinschmidt stöhnend auf. Jetzt war sein Gesicht nicht mehr rot-weiß gesprenkelt, sondern schreckensbleich.

„Großvater?“, hauchte er ängstlich und mit heiserer Stimme. „Großvater? Bist du noch da?“

Erschüttert lehnte er sich gegen die Wand und starrte benommen vor sich hin. Von uns nahm er keine Notiz mehr.

Frau Eulenstein tätschelte ihm die blassen Backen und riet ihm freundlich, sich ein Tässchen Kamillentee zu brauen, und damit verließen wir den Laden.

Ein Herzenswunsch mit Folgen

„Was soll das heißen, *du bringst uns von heute an nichts mehr mit*?“, fragte Julian mit einer Stimme, die ungefähr so kalt wie der Nordpol klang.

Laurenzio nickte und trat dabei nervös von einem Bein aufs andere. Er trug heute eine Skaterhose von Leonardo, und sein T-Shirt war weder verdreht noch falsch herum angezogen. (Laurenzio hatte uns erklärt, dass er mit seinen Geschwistern nur ein gemeinsames Zimmer hatte. Und wenn das Baby am Morgen, wenn Laurenzio sich anziehen musste, noch schlief, dann zog er sich im Dunkeln an, um es nicht aufzuwecken, und dabei konnte es eben passieren, dass er sein T-Shirt falsch herum über den Kopf zog.

„Aber ab heute ziehe ich mich immer im Badezimmer an“, hatte er gesagt. „Auch wenn es da, wenn wir uns zu viert drängeln, so eng ist, dass ich mich in die Badewanne stellen muss ...“)

„Natürlich wirst du uns weiter Sachen

mitbringen“, fauchte Theresa jetzt. „Wo ist der Walkman, den ich bestellt hatte?“

Hassan nickte und spuckte mal wieder wütend auf den Boden. „Und wo ist die Ballpumpe, die ich haben wollte?“, knurrte er und starrte Laurenzio sehr böse an. Dabei ging er so nahe an Laurenzio heran, dass er mit seiner Nase fast gegen Laurenzios Nase stieß.

Laurenzio trat einen Schritt zurück und schaute ängstlich zu uns hinüber. Die 3a hockte nämlich mal wieder versteckt hinter der kleinen Mauer.

„Das geht schief ...“, flüsterte Quentin besorgt.

„Ich habe ja von Anfang an gesagt, wir sollten die Sache mit den drei Hornochsen persönlich klären“,

flüsterte Isabella und knabberte nervös an einem Müsliriegel.

„Psst!“, machte Nora.

„Dein Pech, dass du plötzlich so unverschämt wirst“, sagte Julian gerade und gab Laurenzio einen Stoß vor die Brust. „Du glaubst doch wohl nicht, dass wir uns das gefallen lassen ...“

Er machte Anstalten, Laurenzio einen zweiten Stoß zu verpassen, aber da sprang Quentin mit einem Satz hinter der Mauer hervor. Und den zweiten Stoß bekam Julian selber.

Hassan hatte Laurenzio dafür am T-Shirt gepackt und schüttelte ihn.

„Du blöder, armer Schlucker“, rief er hämisch. „Geh doch zurück nach Afrika, wo du hingehörst! Hier vermisst dich keiner ...“

„Los, denen werden wir es zeigen!“, rief Isabella wütend und sprang auf. Aber genau in diesem Augenblick begannen Laurenzios große braune Augen merkwürdig zu funkeln.

„Ich wünschte wirklich, ihr würdet ...“, rief er wütend, schüttelte Hassan ab und sah auf einmal gar nicht mehr ängstlich aus. Nachdenklich starrte er vor sich hin.

Wo ist Laurenzio?

Wir polterten eine ganze Weile sehr ungemütlich durch die Dunkelheit. Aber schließlich sahen wir von irgendwo her ein schwaches Licht. Und dann fielen wir alle durcheinander, und die Sonne blendete uns mit solcher

Wucht, dass wir die Augen zukneifen mussten.

„Müsst ihr so drängeln ...“, brummte Nora und befreite sich von Anna und Isabella, die auf sie gefallen waren. Benommen saßen wir da und schauten uns um. Was war passiert? In diesem Moment fiel mir ein kleines grünes, runzeliges Knäuel auf den Kopf. Ein Knäuel, das knurrte und fauchte und sehr schlechter Laune zu sein schien.

„Moxmox!“, rief ich. „Du bist ja auch da!“

Moxmox schaute sich ärgerlich um, und ich begriff sofort, warum er so mies gelaunt war: Wo immer wir auch waren, Moxmox' Ei

bunte Tücher, glitzernde Steine, merkwürdige Schmuckstücke, riesige Wurzelhölzer, Muschelketten und sogar Schlangenhäute angeboten wurden. Auch ein paar Straßenmusikanten drängten sich am Wegrand, und zwei Akrobaten führten Kunststücke vor.

„Prima hier“, sagte Tom begeistert. Eine ganze Weile liefen wir einfach herum und schauten uns alles an.

„Schätze, wir sind irgendwo mitten in Afrika gelandet“, sagte Isabella nach einer Weile und nahm mir Moxmox ab, der bisher wie ein runzeliges Häufchen Elend auf meinem Arm gehockt hatte.

„Aber wo steckt Laurenzio bloß?“, überlegte ich ratlos und kitzelte Moxmox dabei aufmunternd unter seinem langen, schrumpeligen Kinn. „Und wo sind Julian, Theresa und Hassan?“

Moxmox schnaubte trostlos und ließ den Kopf hängen. Er schien sich wirklich sehr um sein Ei zu sorgen.

Die schwarzen Menschen um uns herum lächelten uns freundlich an. Auf dem Markt fielen wir natürlich ziemlich auf mit unserer hellen Haut.

„Mann, habe ich Hunger“, sagte Quentin schließlich und ließ sich an den staubigen Wegrand plumpsen. Er warf einen prüfenden Blick auf seine Armbanduhr. „Da, längst Mittagszeit!“, sagte er anklagend. „Und wir haben nicht einen Cent afrikanisches Geld, um uns etwas zu essen zu kaufen ... Was sollen wir nur tun?“

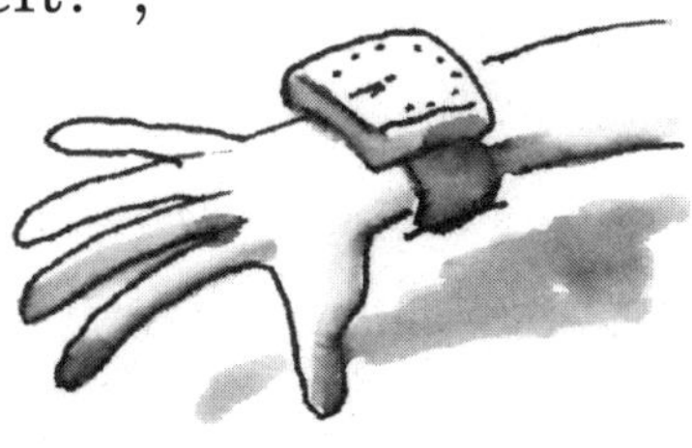

In diesem Moment prallte ich versehentlich gegen einen Jungen, der etwa so alt war wie wir. Er hatte eine dünne Kuh an einer Leine, und auf dem Rücken der Kuh saß ein kleiner grauer Affe.

„Hoppla“, sagte er und rieb sich den Schädel. Und dann musterte er uns neugierig. „Wo kommt ihr denn her?“, fragte er verwundert – und irgendetwas an Laurenzios Wunsch machte, dass wir seine Sprache problemlos verstanden. Und er verstand uns ebenfalls (wenn er auch grinste und sagte, wir hätten eine eigentümliche Art, seine Sprache zu sprechen).

Wir erklärten ihm, wer wir waren und woher wir kamen.

„Ich habe ein bisschen Maisbrot dabei“, sagte der Junge freundlich und wühlte in einem kleinen Beutel, den er über der Schulter trug. Er brach das Brot in viele kleine Stücke, und dann nahm er uns mit zu einer kleinen Hütte. „Hier wohnt meine Tante“, erklärte er. „Sie kann euch Mangomus geben, das kocht sie nämlich gerade.“

Der Junge hieß Abdul, und seine Tante hatte elf Kinder, und die Hütte war nur klein, und man konnte sehen, dass Abduls Tante ziemlich arm war. Aber trotzdem lud sie uns zum Essen ein und tischte eine Menge leckere Sachen auf. Ich musste plötzlich daran denken, wie anders die Menschen in Deutschland oft waren.

Plötzlich sprang Abdul auf. „Ich wollte doch zum Palast in die Stadt!“, rief er und schlug sich gegen die Stirn. „Wie konnte ich das bloß vergessen ...?“

„Zum Palast?“, wiederholte Leonardo, der an einer Ananas knabberte.

Abdul nickte und löste eilig die Leine, mit der er die Kuh an eine Palme gebunden hatte. „Ja, König Céphas Bansah will uns heute auf dem Vorplatz seines Palastes einen Prinzen seiner Familie vorstellen. Er hat eine Menge Söhne. Es wird bestimmt lustig.

Wenn der König kommt, hat er manchmal kleine Geschenke für uns Kinder dabei ...“

Der Prinz von Ghana

Schon von weitem hörten wir das Schlagen von Trommeln. „Beeilt euch!“, rief Abdul, und im nächsten Moment war er bereits im Getümmel verschwunden.

Vor dem Palast stand eine riesige Menschenmenge. Und unter einem riesigen bunten Schirm ging der König von Ghana. Er war nur in ein sehr buntes Tuch gehüllt, das über seiner einen Schulter zusammengeknotet war. Die andere Schulter und der halbe Rücken waren nackt. Um den Kopf herum trug er ein dunkles Stirnband mit goldenen Zeichen. Er sah wirklich sehr prächtig aus. Dennoch schätze ich, die knöcherige, missmutige Königin von England hätte einen Schluckauf vor Entsetzen bekommen bei dem Gedanken, ähnlich gekleidet durch die Straßen von London marschieren zu müssen.

Als ich so weit gedacht hatte, kniff mir Isabella plötzlich aufgeregt in den Arm.

„Das gibt es doch gar nicht!“, flüsterte sie und deutete verblüfft auf den König. Dicht neben ihm ging – niemand anderes als Laurenzio Couloumbis!

„Wow, das ist ja eine Überraschung ...“, stotterte Tom überwältigt.

Laurenzio war in ein rotes Tuch mit goldenen Schnörkeln gehüllt, das ebenfalls über seiner Schulter zusammengebunden war. Und sein goldgesprenkeltes Stirnband war so rubinrot wie Frau Eulensteins Haare.

„Laurenzio, he, Laurenzio!“, rief ich laut, als wir es geschafft hatten, uns an den Tänzerinnen vorbeizudrängeln, die vor dem König tanzten.

Laurenzio grinste. Der König schob

ihn in die Mitte des Platzes, und die Menschen jubelten laut.

Laurenzio grinste immer noch, und schließlich hob er den Arm und winkte uns zu.

„Laurenzio, wo sind Julian, Hassan und Theresa?“, rief Isabella streng, als Laurenzio nach einer Weile zu uns hinüberkam.

„Das ist mein Geheimnis“, sagte Laurenzio. Ein Diener hielt sorgsam einen bunten Sonnenschirm über den neuen Prinzen. Und ein besorgter Leibwächter drängelte sich ebenfalls dicht neben ihm.

„Kommt dem Prinzen nicht zu nahe!“, rief er uns zu. „Das ist nicht gestattet ...“

„Prinz Laurenzio“, jubelten die Leute auf dem Vorplatz des Palastes immer wieder, und ein Fotograf knipste ein Bild nach dem anderen von ihm.

Wir standen ratlos dabei. Wie sollte es weitergehen? Und wo um alles in der Welt waren Julian, Hassan und Theresa?

„Vielleicht hat Laurenzio sich gewünscht, dass sie sich für immer in Luft auflösen?“, murmelte Isabella besorgt und reichte den trübseligen Moxmox an Anna weiter.

Aber Toms scharfe Augen hatten das Geheimnis in diesem Moment gelöst.

„Da sind sie!“, rief er verblüfft. „Da – seht ihr sie?“

Haltet den Dieb!

Wir sahen sie, aber sie sahen uns nicht. Und sie waren kaum wieder zu erkennen. Nebeneinander hockten sie am Wegrand und starrten stumm vor sich hin. Fliegen umschwirrten sie, und sie trugen weite, schmuddelige

T-Shirts, und die Jungen hatten dazu schäbige, kaputte Hosen an. Theresa trug einen dunklen, ausgefransten Wickelrock, der mit einer Sicherheitsnadel an der Hüfte zusammengesteckt war. Ihre nackten Füße waren schmutzig und rissig, und sie sahen erschöpft und ratlos und verwirrt aus.

„Ich habe solchen Hunger, verflixt ...“, stöhnte Julian. „Und ich begreife immer noch nicht, wie das alles passieren konnte! Und wo sollen wir heute Nacht nur schlafen?“

Hassan zuckte mit den Achseln. Er saß schlaff und willenlos wie eine Puppe an eine Palme gelehnt da

und war völlig am Ende. „Eigentlich hätte ich heute Tennis gehabt“, sagte er schließlich leise, und seine Stimme wackelte ein bisschen dabei.

„Und ich habe solchen Durst, dass ich gleich verrückt werde“, mischte sich Theresa ein und stand mühsam auf. Zu dritt gingen sie langsam die staubige Straße entlang. Hassan jammerte ein paarmal auf, wenn spitze Steine in seine Fußsohlen stachen.

Als sie in die Nähe des Palastes kamen, blieb Julian plötzlich stehen. „Was ist denn da vorne für ein Aufruhr?“, fragte er und kniff die Augen zusammen. „Los, das schauen wir uns mal an“, fuhr er fort. „Vielleicht finden wir in dem Getümmel etwas zu essen.“

Aber nach ein paar Schritten wurden sie aufgehalten.

„Halt, halt, halt!“, rief eine strenge Stimme. „Hier kommt ihr heute nicht durch. Der König ist da, und da wollen wir keine bettelnden Kinder in den Straßen um den Palast. Verschwindet!“

Ein stämmiger Polizist warf ihnen einen bösen Blick zu, so als wäre es ihre eigene Schuld, dass sie arm und staubig und schmutzig waren.

„He ...“, sagte Julian ärgerlich, aber der Poli-

zist hatte anscheinend keine Lust, sich mit Bettelkindern herumzustreiten. Stattdessen gab er Julian eine schallende Ohrfeige.

„So ein Mist“, flüsterte Quentin. „Vielleicht sollten wir ihnen zu Hilfe kommen.“

Aber wir anderen waren dagegen. „Warten wir lieber noch ein bisschen ab“, flüsterte ich. „Oder hast du schon vergessen, wie Julian Laurenzio behandelt hat?“

Und weil wir das noch nicht vergessen hatten, schauten wir verstohlen zu, wie Julian und seine Schwester und Hassan den Rückzug antraten und durch eine dunkle, enge Gasse in einen anderen Teil der Stadt davonschlichen.

Sie steckten die Köpfe zusammen. Wir konnten nicht hören, was sie miteinander redeten, aber wir konnten sehen, was sie taten. Und das taten sie: Zuerst fing Hassan an zu weinen. Und nach ihm fing Theresa an zu weinen. Und dann sahen wir, wie Julian zögernd vor einem kleinen Laden stehen blieb und plötzlich nach ein paar Bananen griff, die in einem Obstkorb zum Verkauf lagen.

Aber er stellte sich viel ungeschickter an als wir beim Klauen andersrum, als wir die Sachen, die Laurenzio gestohlen hatte, zurückgebracht hatten. Er wartete nicht den richtigen Moment ab, und darum schrie gleich darauf eine wütende Stimme: „Haltet den Dieb!“

Hilfe in letzter Sekunde

Und dann ging alles sehr schnell. Drei Männer schnappten sich Julian, Hassan und Theresa und schoben sie ärgerlich vor sich her durch ein Gewirr von dämmrigen, engen Gassen.

Wir beeilten uns hinterherzukommen.

„Es waren doch nur ein paar Bananen“, rief Julian immer wieder, und seine Stimme klang ziemlich verzweifelt, aber niemand hörte ihm zu.

Wenige Minuten später sahen wir, wie die drei durch die Tür eines Gebäudes gebracht wurden, auf dem *Polizeistation* stand.

In sicherer Entfernung blieben wir stehen.

„Und jetzt?“, fragte Nora nervös und knabberte am Nagel ihres linken Daumens.

„Schätze, jetzt sitzen sie ziemlich in der Tinte“, sagte Tom nachdenklich.

„Aber von Laurenzio haben sie verlangt, dass er CDs für sie klaut und einen Walkman und einen Gameboy – und noch viel mehr Zeug ...“, knurrte Quentin mit grimmiger Miene. Langsam schlichen wir uns an das düstere Gebäude heran und spähten vorsichtig durch eines der niedrigen, vergitterten Fenster.

„Da sind sie ja“, flüsterte ich. Die drei saßen nebeneinander auf einer braunen Holzbank, und ein wütender Polizist schimpfte mit ihnen. Stumm und verängstigt machten sie sich so klein wie möglich.

„Wo kommt ihr her? Wer sind eure Eltern? Wie lange geht ihr schon auf Beutezug in dieser Stadt? Gehört ihr zu einer Diebesbande? Aus welchem Land stammt ihr? Ihr seid doch Ausländer …“, bellte der Polizist und rüttelte Julian an der Schulter.

„Wir haben doch schon alles gesagt“, wimmerte Julian, und eine einzelne Träne rollte über seine schmutzige Backe. Anscheinend hatte er versucht, dem Polizisten zu erklären, wie alles geschehen war. Aber natürlich hatte ihm diese verrückte Geschichte keiner geglaubt.

„Bestimmt wünschen sich die drei nichts sehnlicher, als wieder zu Hause zu sein“, flüsterte Anna mir ins Ohr. „Warum können sie nicht alles einfach rückgängig wünschen, was Laurenzio herbeigewünscht hat?“

„Man kann in einem herbeigewünschten Zustand nicht herumwünschen“, antwortete ich leise. „Sonst wäre Mox-

mox' Ei doch auch schon längst hier gelandet."

Ich wies auf das kleine Krokodil, dass mit finsterer Miene auf Quentins Arm saß und uns allen den Rücken zukehrte.

„Ach so", flüsterte Anna.

Und genau da hatte ich eine Idee.

„Ich hole Laurenzio", flüsterte ich. „Nur er kann den dreien jetzt helfen ..."

Und wie ein Blitz schoss ich davon. Tom war mir gefolgt, und darum waren wir zu zweit, als wir ein paar Minuten später den Palast erreichten.

Zum Glück waren der König und seine Diener und Tänzerinnen und Prinz Laurenzio noch draußen.

„Laurenzio, komm!“, rief ich schon von weitem. „Julian, Hassan und Theresa brauchen dringend deine Hilfe!“

Schnell erzählten wir ihm, was passiert war.

„Okay, ich komme mit“, sagte Laurenzio sofort.

Und schon rannten wir denselben Weg zurück, den wir eben gekommen waren. Laurenzios Leibwächter galoppierte verwirrt hinter uns her, während der König gar nichts mitbekommen hatte.

„Prinz Laurenzio!“, stammelte der

Polizist auf der Wache, als wir hintereinander zur Tür hereinstürmten. Er verbeugte sich tief vor Laurenzio Couloumbis, und Julian, Theresa und Hassan rissen die Augen auf und schnappten verblüfft nach Luft.

Ende gut, alles gut

Der Polizist kratzte sich am Kopf. „Und diese drei kleinen Ganoven sind tatsächlich Ihre Freunde, Prinz Laurenzio?“, fragte er schließlich ratlos.

Laurenzio schaute Julian, Theresa und Hassan nachdenklich an.

„Na ja“, sagte er leise.

Es war plötzlich sehr still auf der Wache. Nur ein paar Mücken summten.

Ich schaute Julian an, wie er da saß, in seinen schmuddeligen, schmutzigen Sachen, mit dreckigen Füßen und ängstlichen Augen.

„Was seid ihr nur für miesfiesgemeine Blödmänner gewesen“, sagte ich langsam, und die gesamte 3a nickte zustimmend.

Julian seufzte, senkte den Blick und rutschte nervös auf der harten Bank hin und her.

Und da passierte es wieder. Der Boden unter unseren Füßen begann zu wanken und zu wackeln, und wir wirbelten mit einem Schlag von Kontinent zu Kontinent.

Diesmal schrie Julian nicht. Aber ich sah inmitten des ganzen Durcheinanders, wie er sich Hilfe suchend an jemanden klammerte. Und dieser Jemand war Laurenzio.

Dieses Mal landete ich auf Theresa und Laurenzio auf Hassan. Moxmox polterte auf Julian, und Nora und Tom stießen beim Landen mit den Köpfen zusammen. Benommen saßen wir da und starrten uns an.

Laurenzio trug immer noch sein Prinzengewand, und Julian, Theresa und Hassan steckten in den staubigen, schmuddeligen Sachen, die sie den ganzen Tag getragen hatten.

Schließlich fuhr sich Julian nachdenklich durch die wirren Haare und sah sich um.

„Ich schätze, wir haben ziemlichen Mist gebaut“, sagte er verlegen zu Laurenzio. Hassan und Theresa nickten stumm.

Laurenzio schaute die drei ebenfalls stumm an. Aber besonders ängstlich sah er nicht mehr aus.

„Keine Ahnung, wie das passieren konnte, was heute passiert ist“, fuhr Julian fort und wackelte verwirrt mit seinen schmutzigen, nackten Fußzehen. „Aber so wie es aussieht, hast du uns ziemlich aus der Klemme geholfen ...“

Laurenzio sagte immer noch nichts. Aber als Julian ihm entschuldigend die Hand hinstreckte, schlug er ein und lächelte seinen Exfeind vorsichtig an.

„Frieden?“, fragte Julian.

„Okay, Frieden“, antwortete Laurenzio.

Dann sausten Julian, seine Schwester und Hassan erleichtert davon, und wir wanderten ebenfalls müde und nachdenklich nach Hause.

Kracks machte es am anderen Morgen, als wir unseren Klassenraum betraten. Moxmox, der die Nacht in höchster Unruhe bei mir verbracht hatte, stürzte sich mit einem jähen Satz aus meinem Rucksack.

„Guten Morgen“, sagte Frau Eulenstein, die dabei war, ein paar Kakteen in den Sand

zu pflanzen. „Na, sieht man euch auch mal wieder?“

Und genau da passierte es. Es knackste noch zweimal, und dann brach die Schale von Moxmox’ Ei knirschend entzwei. Moxmox saß mit schräg gelegtem Kopf dabei und klopfte so aufgeregt mit seinem Krokodilschwanz in den Sand, dass der Sand herumflog, als befänden wir uns mitten in einem Sandsturm. Und dann war es so weit! Aus den zerbrochenen Eierschalen kroch ein winzig kleines Krokodil.

„Herzlich willkommen, Ratatui!“, sagte Frau Eulenstein hocherfreut. Und was tat Moxmox? Anscheinend war die gestrige Aufregung doch zu viel für ihn gewesen. Jedenfalls kippte er wie Herr Kleinschmidt aus dem Sportgeschäft um und war ohnmächtig.

„Das wird schon wieder", summte Frau Eulenstein heiter und kochte auf der Stelle eine Kanne Kamillentee für unser erschöpftes Klassenkrokodil. Und das winzige Krokodilbaby Ratatui ringelte sich solange gemütlich in meiner Hand zusammen.

„Es ist tatsächlich kaum größer als ein Regenwurm“, flüsterte Isabella beeindruckt.

„Und rubinrot!“, staunte Quentin.

Herrn Kleinschmidts Geschenk

„Nein, ihr dürft nicht in meinen Keller hinuntergehen!“, fauchte Herr Kleinschmidt höchst ungehalten. „Was für eine verrückte Idee.“

Plötzlich war ein leises, strenges Räuspern zu hören. Es schien von überall her gleichzeitig zu kommen. Herr Kleinschmidt wurde bleich und blickte schnell zu dem Bild seines Großvaters

hinüber, das wieder an seinem alten Platz hing. Es schwankte leicht.

„Ähh, was wollt ihr denn im Keller?“, fragte Herr Kleinschmidt vorsichtig.

„Da unten ist etwas, das Ihr Großvater mir geschenkt hat“, antwortete Laurenzio.

„Pah, so ein Unsinn“, brummte Herr Kleinschmidt. „Mein Großvater lebt ja schon seit zwanzig Jahren nicht mehr. Der hat nichts mehr zu verschenken ...“

Wieder räusperte es sich. Diesmal klang das Räuspern schon ziemlich ärgerlich.

„Großvater?“, flüsterte Herr Kleinschmidt, und dann nahm er hastig einen großen Schlüssel aus seiner Kasse und drückte ihn Laurenzio widerwillig in die Hand. Angewidert schaute er zu Moxmox hinunter, der vergnügt mit Ratatui durch den kleinen Laden watschelte.

„Was seid ihr nur für eine unangenehme Bande“, murmelte er ärgerlich und sprang schnell zur Seite, als Moxmox interessiert an seinen Schuhen schnüffelte.

Wir rannten hinunter in den Keller.

„Er hat gesagt, es sei seine eiserne Reserve für schlechte Zeiten gewesen, und dann hätte er es nicht mehr geschafft, alles auszugeben“, erzählte Laurenzio stolz, aber auch ein bisschen verwundert und ungläubig, während wir in den dämmrigen Keller schlüpften. „Auf jeden Fall hat er gesagt, ich könne das Kästchen mitnehmen. Mit allem, was darin sei ...“

Laurenzio bückte sich und zog bedächtig einen bröckeligen roten Backstein aus dem hintersten Winkel des Raumes. Und dann einen zweiten und einen dritten Stein.

„Da ist etwas!“, rief ich aufgeregt. „Ein kleiner Holzkasten!“

„Los, mach ihn auf!“, drängte Quentin.

Mit zitternden Fingern öffnete Laurenzio den Deckel.

Auf einmal war es ganz und gar still in Herrn Kleinschmidts Keller.

„Oh ...“, flüsterte Laurenzio dann.

„Mannomann“, murmelte Isabella.

„Wie viel wird das sein?“, flüsterte Nora.

Der Kasten war bis oben voll mit kleinen goldenen Münzen.

Als wir etwas später wieder nach oben kamen, empfing uns Herr Kleinschmidt mit böser Miene.

„Na, jetzt habt ihr für nichts und wieder nichts eine Menge Staub in meinem Keller aufgewirbelt ..."

Er verzog gereizt das Gesicht. „Verschwindet jetzt endlich aus meinem Laden, ihr verrückten Kinder."

Laurenzio trug behutsam den kleinen Holzkasten, doch Herr Kleinschmidt warf nicht einmal einen Blick darauf.

Aber ehe wir den Laden verließen, sahen wir noch, wie uns der alte Herr Kleinschmidt aus dem Bild an der Wand zufrieden hinterherlächelte.

Jana Frey, geboren im April 1969 in Düsseldorf, fing schon als Fünfjährige an mit dem Schreiben. Unzählige dieser sehr frühen Werke hat sie sich aufgehoben. Und seit damals hat sie geschrieben und geschrieben und geschrieben. Sie schrieb zu Hause in Deutschland, aber auch in Amerika und Neuseeland, auf der anderen Seite der Weltkugel. Zwischendurch hat sie Literatur studiert und eine Familie gegründet. Sie veröffentlicht Kinder- und Jugendbücher und arbeitet auch fürs Fernsehen.

Heribert Schulmeyer, geboren 1954, zeichnet seit seinem zwölften Lebensjahr, nachdem ihm seine Zwillingsschwester verboten hatte, weiter mit Ritterburgen zu spielen. Nach Schule und Studium wurde er Comiczeichner und freier Künstler. Heute arbeitet er für verschiedene Verlage und für den WDR bei der „Sendung mit der Maus". Heribert Schulmeyer lebt und arbeitet in Köln.

Zauberhaft sind auch die anderen Bände:

HEXEN-ABC
HEXEN-ABC
HEXEN-ABC